AF475898

SÉRAPHIN LHOMME

LA QUESTION ÉLECTORALE ET MONSIEUR DE LA PALISSE

20 CENTIMES

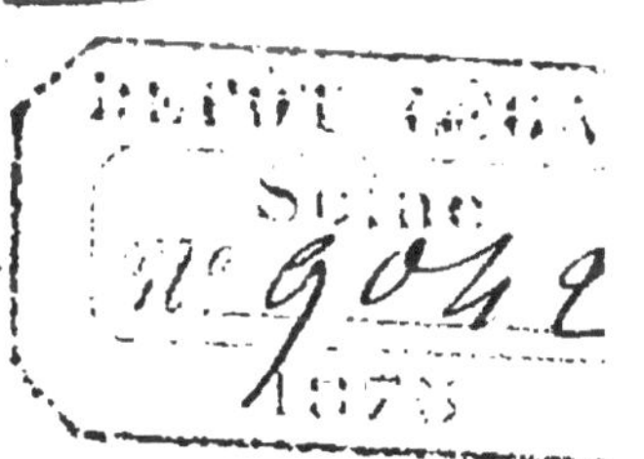

PARIS
LIBRAIRIE CONTEMPORAINE
LAVERINE et Cie, Éditeurs
31, BOULEVARD SAINT-MICHEL 31

1875

LA QUESTION ÉLECTORALE ET MONSIEUR DE LA PALISSE

Il est bien regrettable que M. de La Palisse soit mort !

C'est un homme qui, s'il existait de nos jours, pourrait, par ses vérités proverbiales, rendre de bien grands services à la nation.

Tout d'abord il commencerait par déclarer que, dans un pays de suffrage universel, c'est l'électeur qui est le maître, et non l'élu qui doit commander.

Il ne comprendrait pas qu'il y eût plusieurs souverains, et dirait fort justement que, si l'on admet la souveraineté nationale, on ne peut pas, en face de cette souveraineté, établir la souveraineté d'une assemblée.

C'est tellement logique que j'ai peine à m'expliquer pourquoi l'on est encore obligé, après bientôt trente ans de suffrage universel et de souveraineté du peuple, d'avoir à démontrer que le suffrage universel n'est qu'un mensonge universel et que la souveraineté du peuple n'est que la plus amère dérision.

Il est vrai que M. de La Palisse est mort.

Un astronome peut-il faire des lois pour les corps célestes? Un physicien peut-il faire des lois pour les êtres de son domaine? Un chimiste peut-il faire des lois pour les corps qu'il analyse ou qu'il compose? Un médecin peut-il faire des lois pour l'organisme humain?

Je sais bien que, pour un pèlerin candide qui revient de Lourdes, le premier Josué du monde peut changer le cours des astres et arrêter le soleil, l'espace d'un moment. Je n'ignore pas que, pour M. de Belcastel, une invocation à la vierge peut modifier les lois de la pesanteur et tenir suspendue dans les airs, aux yeux d'un peuple étonné, l'immaculée Madame une telle. Je veux bien admettre que M. de Lorgeril se fâcheait tout rouge, si l'on osait lui soutenir que l'eau de la Salette ne possède pas, selon les prières qu'on adresse au ciel en buvant un verre de cette eau miraculeuse, la précieuse qualité de renfermer immédiatement tous les produits chimiques les plus salutaires ou les plus nuisibles. Je sais bien enfin que, pour Louis Veuillot, tout malade, tout paralytique, tout scrofuleux, gens ordinairement croyants, peuvent, moyennant un bain froid à Lourdes, se guérir radicalement, comme cela s'est vu, en passant de vie à trépas sans l'assistance du médecin.

Toutefois, pour tout homme qui ne se rend qu'à la juste et froide raison, il n'en est pas moins vrai que le médecin, le chimiste, le physicien, l'astronome ne peuvent faire des lois pour les objets de leur domaine ; qu'au contraire ils sont tous obligés de rechercher les lois de la nature toutes faites, et de s'appliquer à les connaître et à leur obéir.

Par quelle exception donc, ou par quelle raison étrange certains hommes, fort habiles, peuvent-ils prétendre posséder une autorité, un pouvoir, une souveraineté absolue pour faire des lois, d'après lesquelles les hommes, les peuples, et toute l'humanité même doivent régler les actes de leur vie ?

Ah ! pourquoi M. de La Palisse est-il mort ?

A coup sûr, il se demanderait si le suffrage universel, tel qu'on le pratique aujourd'hui, n'est pas plutôt une déception universelle, un escamotage universel, et toujours une calamité universelle !

Joli suffrage universel, en effet, que ce mirage décevant qu'on fait briller à nos yeux comme la garantie de la souveraineté nationale, comme une institution fondée pour assurer notre dignité humaine, et dont nous ne pouvons jouir que pendant un instant, une fois tous les cinq ou six ans, et de temps à autre lorsqu'il plaît à un député de mourir ou de donner sa démission !

Joli suffrage universel que celui qui ne nous est offert que par la grâce des gouvernants, avec l'autorisation de la police et la permission de M. le maire !

Jolie institution dont nous ne pouvons très-souvent nous servir que dans l'intérêt d'un parti que nous n'aimons, ni estimons, uniquement pour soutenir une lutte désespérée contre les habiles qui aspirent au pouvoir, ou les roués qui cherchent à envahir et à asservir la nation !

Que de vérités à dire là dessus, et pourquoi, je le répète, est-il mort, M. de La Palisse ?

Je ne sais pas s'il s'élèverait à la hauteur de vue où s'est placé M. Augustin Thierry dans ses *Dix ans d'études historiques* ; mais certainement son gros bon sens pénétrerait sans peine les idées de l'éminent historien, et n'aurait aucun effort à faire pour en comprendre la justesse, lorsqu'Augustin Thierry disait, le 2 fév. 1820, dans le *Censeur européen :*

... Les parties de la France actuelle sont inanimées, et le tout n'a qu'une vie abstraite, et, en quelque sorte, nominale, comme serait celle d'un corps dont tous les membres seraient paralysés. Pourquoi ces fractions, naguère vivantes, ne se représenteraient-elles pas maintenant aux yeux du pouvoir, sous les enseignes diverses de leur ancienne individualité, pour lui demander, en retour légitime de cette individualité perdue, non la séparation, mais l'existence? La France, dira-t-on, a du mouvement et de l'action par sa représentation nationale; la représentation nationale est toute la vie des sociétés. Nous convenons de l'axiome; la réponse serait juste, si la France était représentée. Or, la France n'est point représentée. Le sens de nos paroles n'a rien qui attaque la légalité de la Chambre des députés actuelle; nous reconnaissons que ses pouvoirs sont légitimes, et nous disons encore que la France n'est pas représentée. Une Chambre centrale, siégeant à Paris, n'est point la représentation de la France; elle en est, à la vérité, une partie essentielle, elle est la tête de la représentation, elle n'est point la représentation tout entière. Pour être représentée, la France doit l'être à tous les degrés, dans tous ses intérêts, sous tous ses aspects; pour être représentée, la France devrait être couverte d'assemblées représentatives : on devrait y trouver la représentation des communes, la représentation des villes, la représentation des petites parties, celle des grandes parties du territoire; et au-dessus de tout cela, pour couronnement de l'édifice, la seule représentation qui existe aujourd'hui, celle du pays tout entier, celle des grands et souverains intérêts de la patrie, plus généraux, mais non pas plus sacrés que les intérêts des provinces, des départements, des cités, des communes.

Les représentations locales de la France constitueront les individualités de la France, c'est là tout ce qu'il s'agit de réclamer. Mais ce vœu, pour paraître devant le pouvoir dans toute sa dignité et sa puissance, doit sortir, non du centre du pays, mais de tous les points divers ; il doit s'énoncer dans un langage approprié aux intérêts, au caractère, à l'existence antérieure de chaque partie de la population, dans un langage de franchise et même de fierté, qui ne permette pas aux hommes du pouvoir central de s'ériger en juges suprêmes de la nécessité et du droit. C'est le devoir des journaux libres des provinces de rappeler à leurs concitoyens qu'ils ont de pareilles réclamations à faire. C'est à eux de les faire à l'avance, non pas en invoquant d'une manière vague les lumières du siècle ou l'autorité des législatures antérieures, mais en attestant ce qui fut, de temps immémorial, enraciné à la terre de France, les franchises des villes et des provinces ; en tirant de la poussière des bibliothèques les vieux titres de nos libertés locales, en représentant ces titres aux yeux des patriotes qui ne les connaissent plus, et qu'une longue habitude de nullité individuelle endort dans l'attente des lois de Paris. Ne craignons point de remettre au jour les vieilles histoires de notre patrie : la liberté n'y est pas née d'hier. Ne craignons point de rougir en regardant nos pères : leurs temps furent difficiles ; mais leurs âmes n'étaient point lâches. N'autorisons pas les soutiens de l'oppression à se vanter que quinze siècles de la France leur appartiennent sans réserve. Hommes de la liberté, nous aussi nous avons des aïeux !...

Voilà assurément la représentation que nous désirerions. Trop d'entraves, trop d'obstacles conscients s'y opposent pour le moment ; mais nous devons, par cela même, ne jamais cesser de faire tous nos efforts pour y arriver ; sans cesse nous devons être sur la brèche et présenter à tout instant à l'électeur quel est son devoir et quel est son droit.

Le principe républicain est de droit naturel ; il s'impose et ne se discute pas. En effet, le principe monarchique étant la négation de la souveraineté populaire, et, par suite, la négation du suffrage universel, contester la forme républicaine, c'est contester le suffrage universel lui-même.

Mais, jusqu'à ce jour, le suffrage universel a été exercé si maladroitement, que ce merveilleux instrument a presque toujours été faussé.

Le peuple n'avait d'autre moyen de faire prévaloir ses idées que de faire sortir de l'urne les noms qui représentaient plus ou moins ses aspirations, et une fois l'élection faite, il s'apercevait, non sans étonnement et sans dépit, qu'il n'avait fait que se donner de nouveaux maîtres.

Essayait-il de se réunir pour faire entendre sa volonté à ses représentants ? On supprimait le droit de réunion, ou bien on n'en laissait subsister qu'un tronçon. On avait, pour cela, imaginé une raison qui a longtemps fait illusion :

Il ne faut pas qu'une fraction du peuple s'arroge la souveraineté qui réside dans le peuple tout entier.

Ceci est incontestable. Mais, aurait répondu M. de La Palisse, comme on ne permettait pas au peuple tout entier d'user librement du droit de réunion, il ne peut y avoir que des réunions partielles. Ces résolutions partielles expriment souvent les sentiments de la majorité. N'importe, il suffit qu'elles soient réunions partielles pour que leurs manifestations soient considérées comme l'expression d'une minorité. De là, à les considérer comme dangereuses et factieuses, il n'y a qu'un pas.

A l'époque des élections, le peuple est appelé à user du droit de réunion ; mais il ne l'exerce que quelques jours et il abdique le soir même du scrutin, aussitôt qu'il a désigné ses maîtres.

Le représentant élu, lui, fait alors entendre ce langage :

Je représente le peuple qui m'a délégué sa souveraineté, de telle sorte que tout attentat contre ma personne serait un attentat contre le peuple même. Je le représente pour quatre, cinq ou six ans, et en raison de l'inviolabilité qui me protége, je puis tout désormais sans avoir à consulter mes commettants. Tout ce que je ferai sera fait en leur nom, et j'aurai suffisamment rempli mon mandat, en me déterminant, dans mes votes, par ma conscience et mes lumières ! Il se peut que dans le vote d'une loi militaire, d'une loi sur des impôts ou sur l'organisation judiciaire, j'aie voté contrairement à la volonté des électeurs de mon département ; mais mes électeurs ne sont pas la France entière; et, quant à moi, je ne m'inspire que des intérêts généraux !...

Puis, en me désignant, mes électeurs m'ont-ils obligé à m'identifier avec eux, et à recevoir leurs ordres directs? N'est-il pas plus vrai que ce sont eux qui se sont identifiés avec moi, courant ainsi les chances d'un bon ou d'un mauvais choix, suivant qu'ils trouveront bien ou mal ce que j'aurai pu dire et faire?

Les 750 représentants qui composent une Assemblée transportent ainsi du peuple à cette Assemblée toute la souveraineté. Ils sont vraiment 750 rois, constitués en oligarchie ; et n'était la condition de rééligibilité tous les quatre, cinq ou six ans, on ne verrait pas, dans cette forme politique, l'ombre d'une institution républicaine.

Nous concevons fort bien que la plupart des anciens royalistes se rallient aujourd'hui à la République pour conserver ce système ; mais nous voulons autre chose.

Le gouvernement des 750 lumières, qu'on appelle aussi gouvernement parlementaire, ne nous suffit plus. Il ne sauverait pas plus la République que le Sénat, où Napoléon avait mis les illustrations de son règne, n'a sauvé l'empire. Au surplus, l'insuffisance des gouvernements parlementaires est parfaitement démontrée par l'histoire contemporaine.

Il n'y a eu qu'une seule Assemblée qui ait répondu à ce que le peuple attendait d'elle : ce fut la Convention nationale, qui sauva la France, de 1792 à 1794, et encore elle ne remplit ce rôle que parce qu'elle avait derrière elle le peuple délibérant : le peuple n'abdiqua pas un seul jour pendant cette grande période, que M. Thiers qualifie de légendaire !

Aujourd'hui nous reprenons la légende, et nous voulons être derrière nos représentants. Ils seront à nous comme nous serons à eux ; leur autorité sera doublée de la nôtre. Sur toutes les questions politiques dont l'importance nous frappera, nous userons du droit de leur dire : Nous voulons ceci ou cela. La majorité se prononcera dans les réunions publiques et formulera le vœu que devront défendre ses représentants, sans que ceux-ci aient jamais le droit de substituer à la volonté populaire leur volonté propre. Alors seulement ils seront vraiment nos députés, et l'on ne verra jamais railler et bafouer l'ambassadeur du peuple qui viendra dire :

La proposition que je défends n'est pas mienne, elle émane de mes commettants. Si elle ne venait que de mon initiative, ce ne serait qu'une opinion isolée dont vous auriez le droit de faire bon marché, car elle n'aurait pas plus d'autorité ni de valeur morale que celle du premier citoyen venu ; mais entendez ici une voix collective, l'idée que je soutiens est celle de mes commettants. Je suis les milliers de voix de mon collége.

Le tableau est séduisant, nous répondront les réactionnaires ; mais trouverez-vous des candidats qui se résigneront au rôle humble et modeste de secrétaires des commandements du peuple, car les députés ne seraient plus autre chose ? Que deviendra la dignité du représentant ?

La dignité du représentant, c'est quelque chose, et nous en sommes jaloux pour lui-même plus qu'on ne le suppose ; mais la dignité du peuple, c'est quelque chose aussi. Au reste, est-il vrai que nous fassions fi de la dignité de nos députés, en les soumettant au mandat impératif ? Il serait plus aisé de prouver que ce changement augmente leur considération. Est-il beaucoup de députés qui aient refusé les fonctions d'ambassadeur ? Et cependant y a-t-il un mandat plus impératif que celui qui lie l'ambassadeur à son gouvernement ? Ainsi l'ambassadeur doit compte de ses actes de chaque jour, de ses moindres discours ; ses moindres démarches sont réglées d'avance dans la crainte qu'il n'engage plus qu'il ne le doit Cependant on n a jamais entendu dire que l'ambassadeur perdît quelque chose de sa dignité en acceptant un mandat si rigoureux. Nous voyons au contraire en lui la personnification de la puissance qu'il représente. A ce titre, il revêt un caractère de grandeur et de majesté qu'il doit à la nature même de ses fonctions. Eh bien ! nous l'affirmons, les députés soumis au mandat impératif, les ambassadeurs du peuple ne jouiront pas d'un moindre prestige. Leurs paroles et leurs actes auront un cachet d'autorité qui leur manque aujourd'hui.

Battus sur ce terrain, les adversaires du mandat impératif cherchent à reprendre l'avantage en demandant si nous sommes bien assurés de la sagesse, de la prudence et de la modération de la majorité, en pleine possession de la puissance et l'exerçant directement. Nous avons toujours vu les majorités se montrer sages et prudentes dans l'exercice de leurs libertés ; et elles ne sortent jamais de la modération que quand elles sont comprimées par une tyrannie violente. Ah ! vous muselez le lion populaire parce que vous en avez peur ! Imprudents ! Il n'est terrible que parce que vous l'enchaînez !

On aurait plutôt raison de craindre que le peuple, maître de ses destinées, ne se montrât trop timide dans les réformes à accomplir. Ce danger est le plus réel, et on ne l'évitera qu'en multipliant les écoles et les réunions.

Mais comment exercer ce mandat impératif ?

Ici se présentent deux systèmes :

1° Celui de la constitution de 1793, qui n'a jamais été mis en vigueur en France, mais que la République helvétique a appliqué avec succès ; il consiste à n'accorder au peuple qu'un simple droit de sanction ;

2° Celui qui reconnaît à la fois au peuple le droit de sanction et le droit d'initiative.

Nous optons franchement pour le second système qui est plus large, plus généreux, et qui consacre le complet exercice des libertés républicaines. En accordant au peuple le droit de sanction qui équivaut au droit de *veto*, on le met à même d'arrêter ses gouvernants dans une voie funeste, d'empêcher le mal ; en lui laissant aussi l'initiative des propositions de salut public, on lui permet en outre de faire le bien.

Comment les citoyens manifesteront-ils leur volonté, et comment y seront-ils appelés ? Le droit de réunion n'existe pas aujourd'hui, car du moment qu'il est contesté, entravé et qu'il ne peut s'exercer que sous forme de réunion privée, nous ne pouvons en tirer d'avantages sérieux et décisifs.

Mais il viendra un jour prochain, celui du renouvellement de l'Assemblée, où nous serons remis en possession de ce droit.

Ce jour-là, nous devons nous en emparer sans qu'aucune puissance puisse s'y opposer. Dans chaque centre où se manifestera la vie politique, dans chaque ville, dans chaque village, s'il se peut, nous fonderons des associations républicaines, ayant chacune un comité particulier. Les associations républicaines désigneront, en outre, suivant leur importance, un ou plusieurs délégués au comité central du département. Ce comité actuel sera chargé du recensement général des votes exprimés par toutes les associations départementales.

Pendant la période électorale, les associations auront une double mission à remplir : arrêter d'abord le programme démocratique, dont l'acceptation sera exigée des candidats républicains, et enfin désigner les candidats.

Le comité central enregistre les vœux et les volontés de chaque association et les livre à la publicité. Il lui appartient d'appeler l'attention de chaque association sur les diverses questions sur lesquelles il n'y aurait pas encore eu de délibération. Il rédige ensuite la formule du mandat impératif, en y faisant entrer toutes les propositions qui auront été admises par une majorité, incontestable, et en réservant toutes celles qui n'auront pas été appuyées par une adhésion presque unanime, et sur lesquelles la lumière ne serait pas suffisamment faite.

Le comité central dresse ensuite la liste générale de tous ceux qui sont proposés comme candidats et acceptent le mandat impératif; il adresse à toutes les associations un rapport sur chacune des candidatures. Chaque association désigne ensuite ses candidats et ceux qui obtiennent la majorité dans le recensement général des votes préparatoires des associations, sont définitivement agréés comme candidats du département.

Le candidat agréé prend l'engagement, vis-à-vis du comité central, de se soumettre sans réserve au programme démocratique et d'appuyer toutes les propositions sur lesquelles la majorité des associations se prononcerait plus tard ; il s'engage, en outre, à toute réquisition du comité central, interprète de la volonté de la majorité dans les associations, à donner sa démission aussitôt qu'elle lui serait demandée, le mandat qu'il reçoit étant considéré comme essentiellement révocable, ce qui est de la nature même du mandat.

Cet engagement étant accepté et reçu, le comité central rédige et publie les proclamations qui recommandent au suffrage universel les candidats républicains. On supprime ainsi les professions de foi jusqu'à présent en usage. Si quelque candidat est violemment attaqué par ses adversaires, c'est au comité central qu'il appartient de le défendre.

On conçoit l'importance de cette innovation : ce sont les républicains eux-mêmes, les électeurs, qui font leur profession de foi, sans s'inquiéter des opinions particulières des candidats ; et ceux-ci n'ayant aucune sollicitation à adresser aux électeurs se produisent avec une dignité qui leur manquait souvent dans l'ancien mode électoral.

Si un candidat se trouve en désaccord profond sur quelque question avec la majorité de ses commettants, il doit se retirer, car il ne lui est pas permis, sans trahir son mandat, de ne pas se soumettre absolument à la volonté de la majorité.

Après les élections, les associations républicaines restent toujours maîtresses d'ajouter au mandat impératif, en formulant des propositions nouvelles, et les députés sont toujours liés par la manifestation de la volonté de la majorité.

Le comité central continue, à cet effet, son rôle d'intermédiaire entre les associations et leurs députés.

Les associations républicaines acquerront bientôt, et on n'en peut douter, une influence telle que les conservateurs et les réactionnaires, qui se seront tenus quelque temps à l'écart, demanderont eux-mêmes à entrer dans les associations pour avoir voix au chapitre et prendre part au vote du mandat impératif. Loin de voir là un danger, nous aurons à nous en féliciter, car ce sera l'abdication des vieux partis, la glorification de l'idée républicaine, et, quels que soient les préjugés que les conservateurs apportent dans les discussions, ils seront bientôt englobés dans la masse républicaine;

et forcés de suivre l'impulsion irrésistible qui nous portera au progrès.

Espérons qu'il y a encore assez d'hommes de bon sens pour apprécier les vérités que nous venons de produire, et que M. de La Palisse n'est pas tout à fait mort !

FIN

Paris. — Typ. N. Blanpain, rue Jeanne, 7.

PUBLICATIONS

DE LA LIBRAIRIE CONTEMPORAINE

Sous presse :

LES HUMANITAIRES, poésies par NOEL VALÉRIEN.

LES CATILINAIRES, traduction nouvelle.

En vente :

PENSÉES PHILOSOPHIQUES ET LITTÉRAIRES, par M. ALPH. CALLIGÉ, licencié en droit.

Paris-Vaugirard. — Typ. N. Blanpain, 7, rue Jeanne.

www.ingramcontent.com/pod-product-compliance
Ingram Content Group UK Ltd.
Pitfield, Milton Keynes, MK11 3LW, UK
UKHW020453220726
13923UKWH00006B/2517